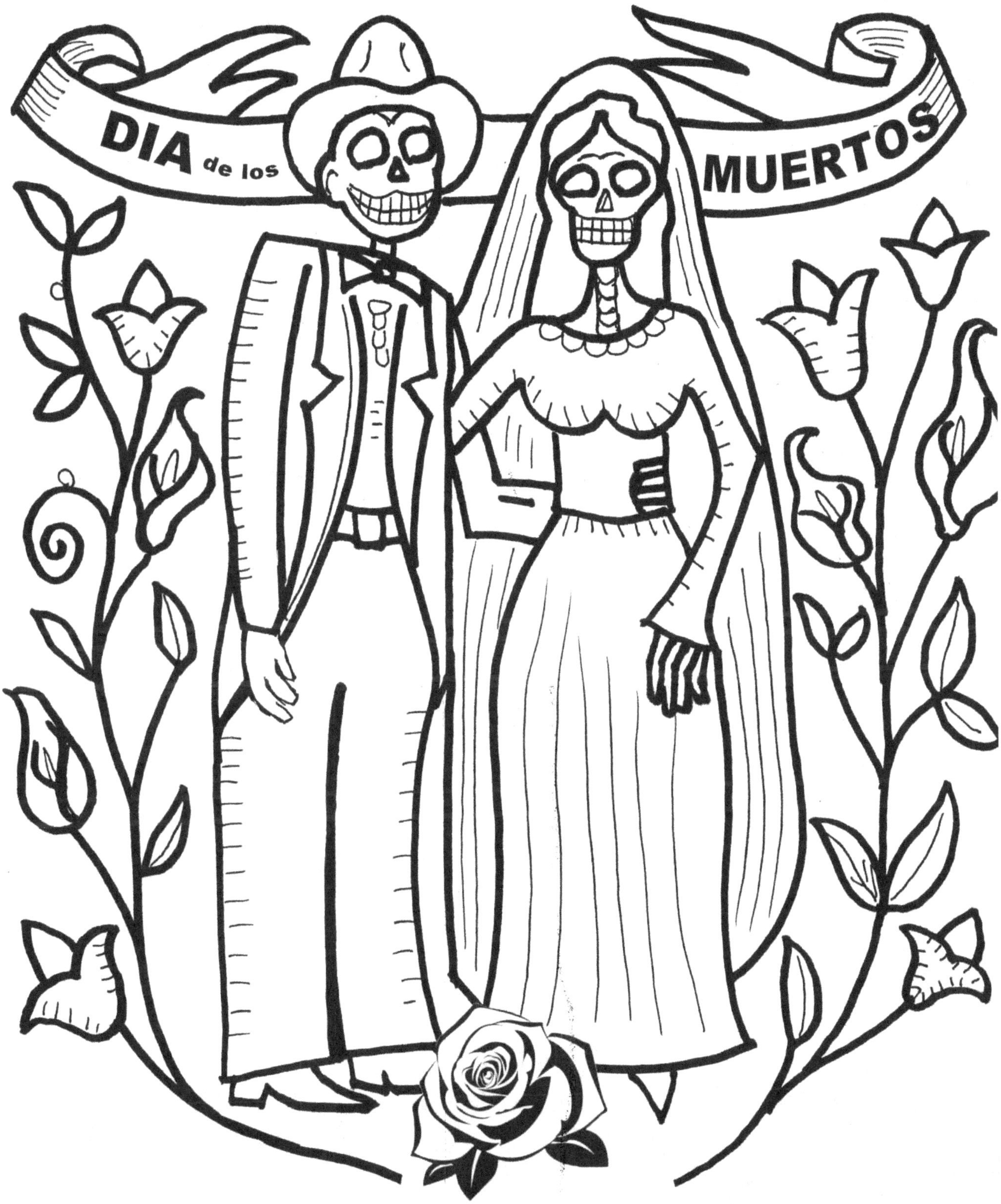

DIA de los MUERTOS

ANTECEDENTES

DIA DE LOS MUERTOS

Las principales civilizaciones representativas

del área mesoamericana, aztecas y mayas,

desarrollaron un gran ritual alrededor del culto

de los antepasados y de la muerte en sí misma,

lo que constituyó el precedente del actual Día de Muertos.

En el calendario de Anáhuac existían tres fechas

en las que se honraban a los muertos, es decir,

tres veintenas de celebraciones,

estaban dedicadas a Mictlantlecutli y a Mixtlancihuatht.

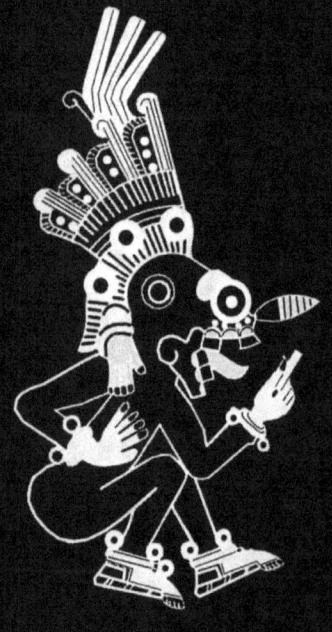 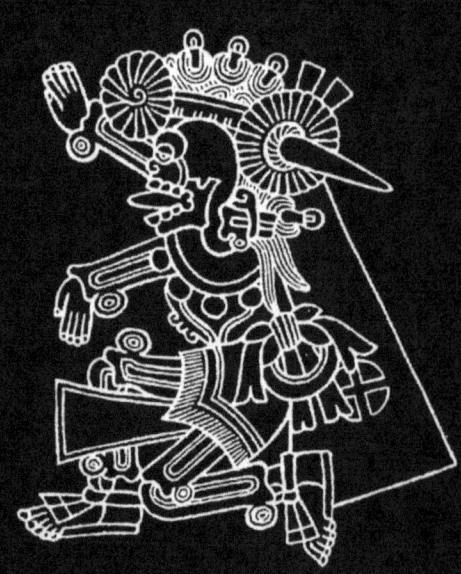

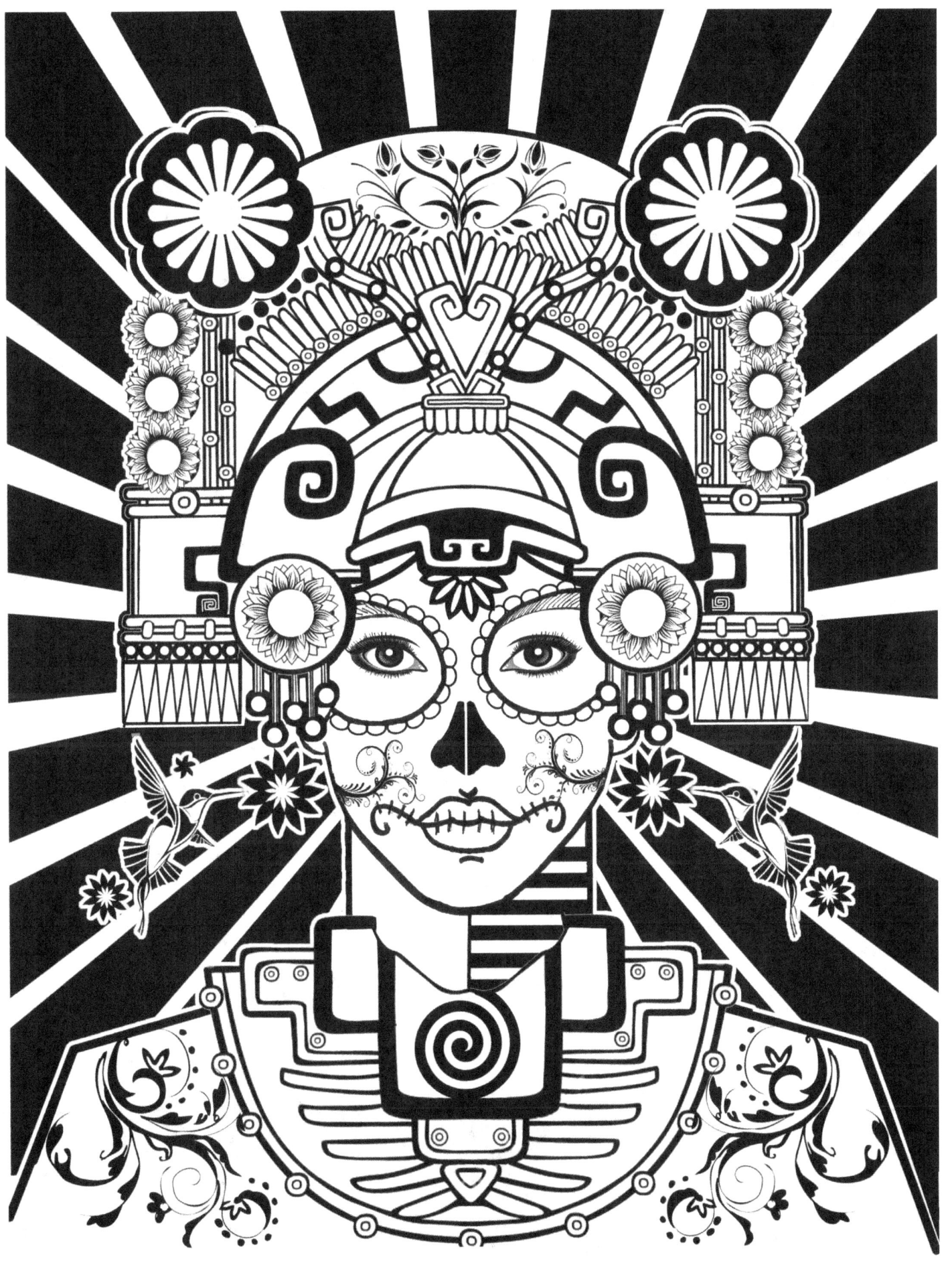

DÍA DE LOS MUERTOS INFANTES Y ADULTOS

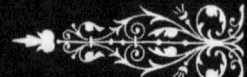 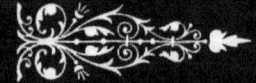

A mediados del mes de julio y durante 20 días,

se llevaba a cabo la celebración

denominada "Miccaihuitontli" o

"Fiesta de los muertos infantes".

Dicha fiesta iniciaba cuando se cortaba

un árbol llamado "Xocotl",

al que le quitaban la corteza y lo adornaban con frores,

para hacerle ofrendas durante veinte días consecutivos.

La siguiente celebración "Miccailhuitl"

en el mes de octubre y la última en el mes de marzo.

El décimo mes se celabraba la "Ueymicailhuitl"

"Fiestas de los muertos adultos",

esta celebración se realizaba el cinco de agosto.

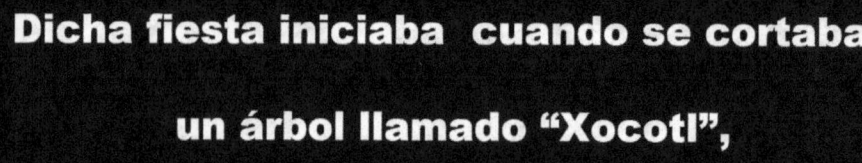

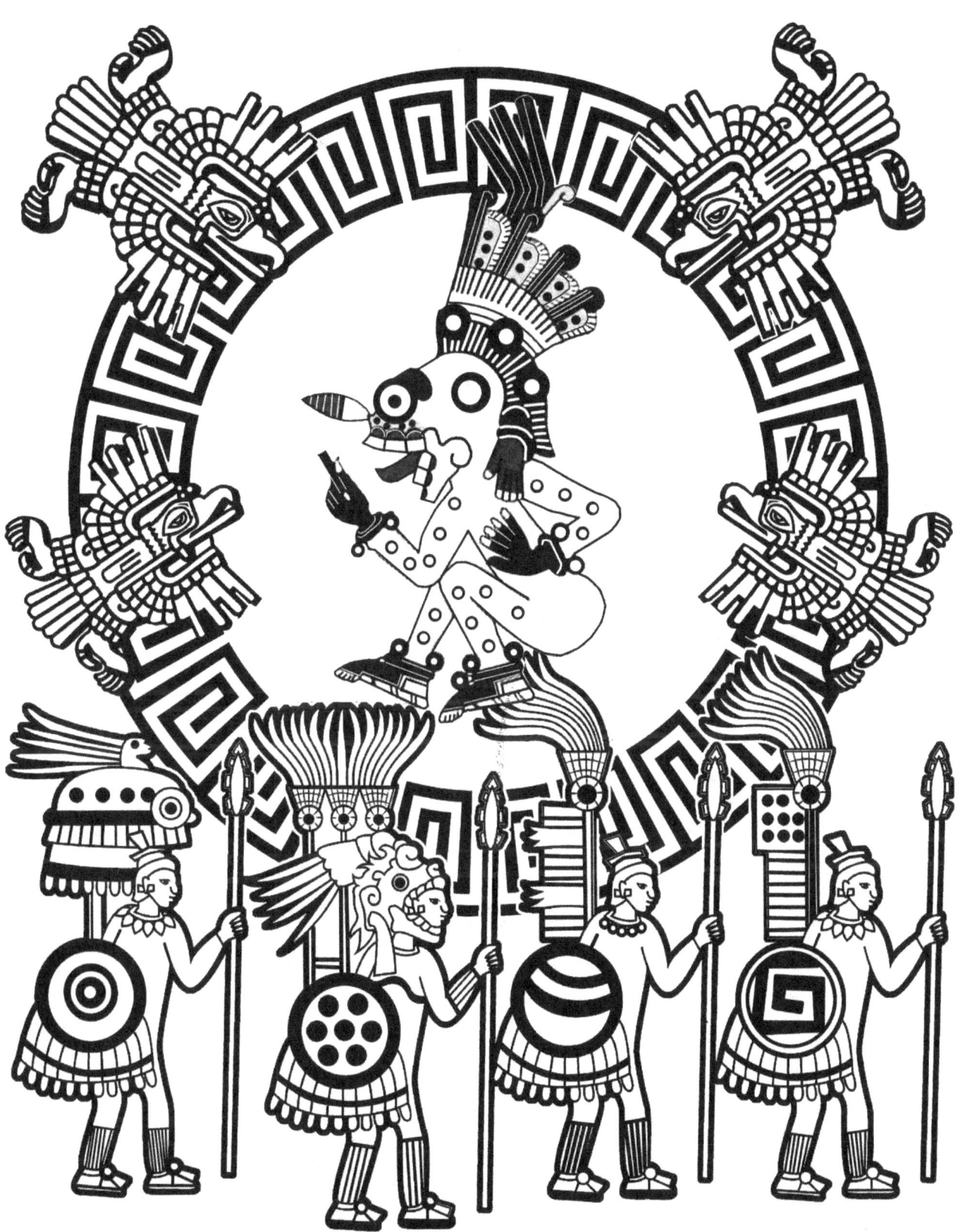

Muchas de las culturas prehispánicas tenían la creencia de una vida después de la muerte, cuando alguien moria su alma se hiba al "inframundo", (Xibalba) según sus crencias, para poder llegar a este lugar las almas tenian que cruzar por un río con la ayuda de un xoloescuintle o un perro chihuahua. En los ritos funerarios se enterraban junto con la persona fallecida, para que lo guiara por el camino a Xibalba.

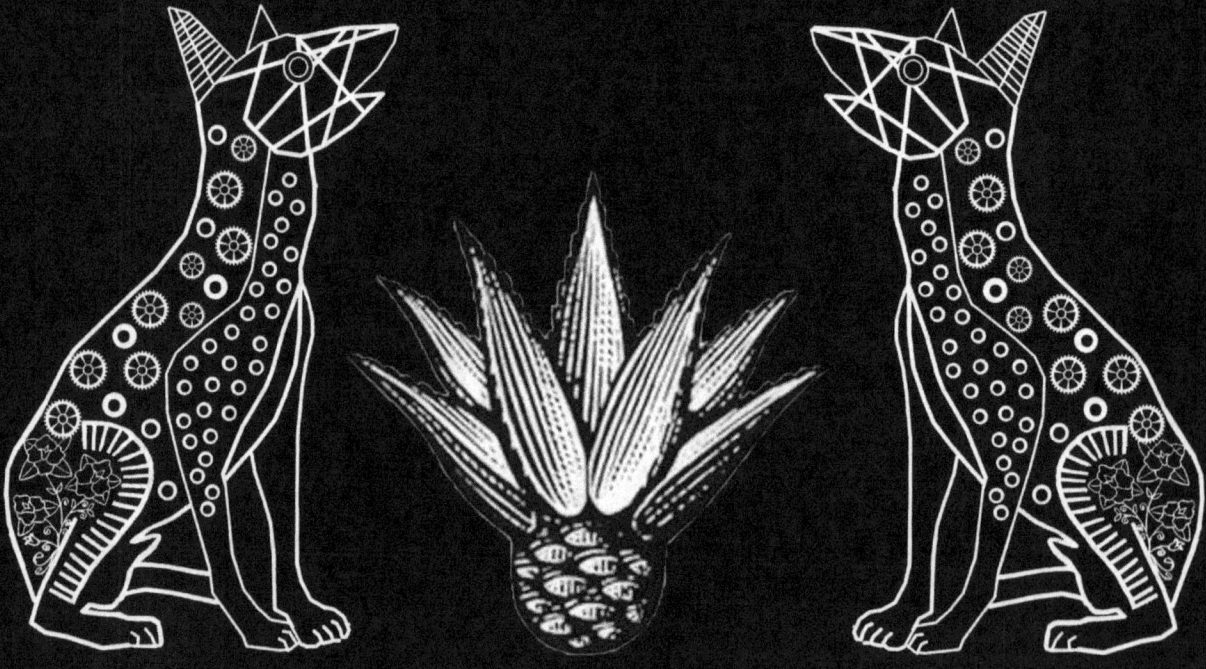

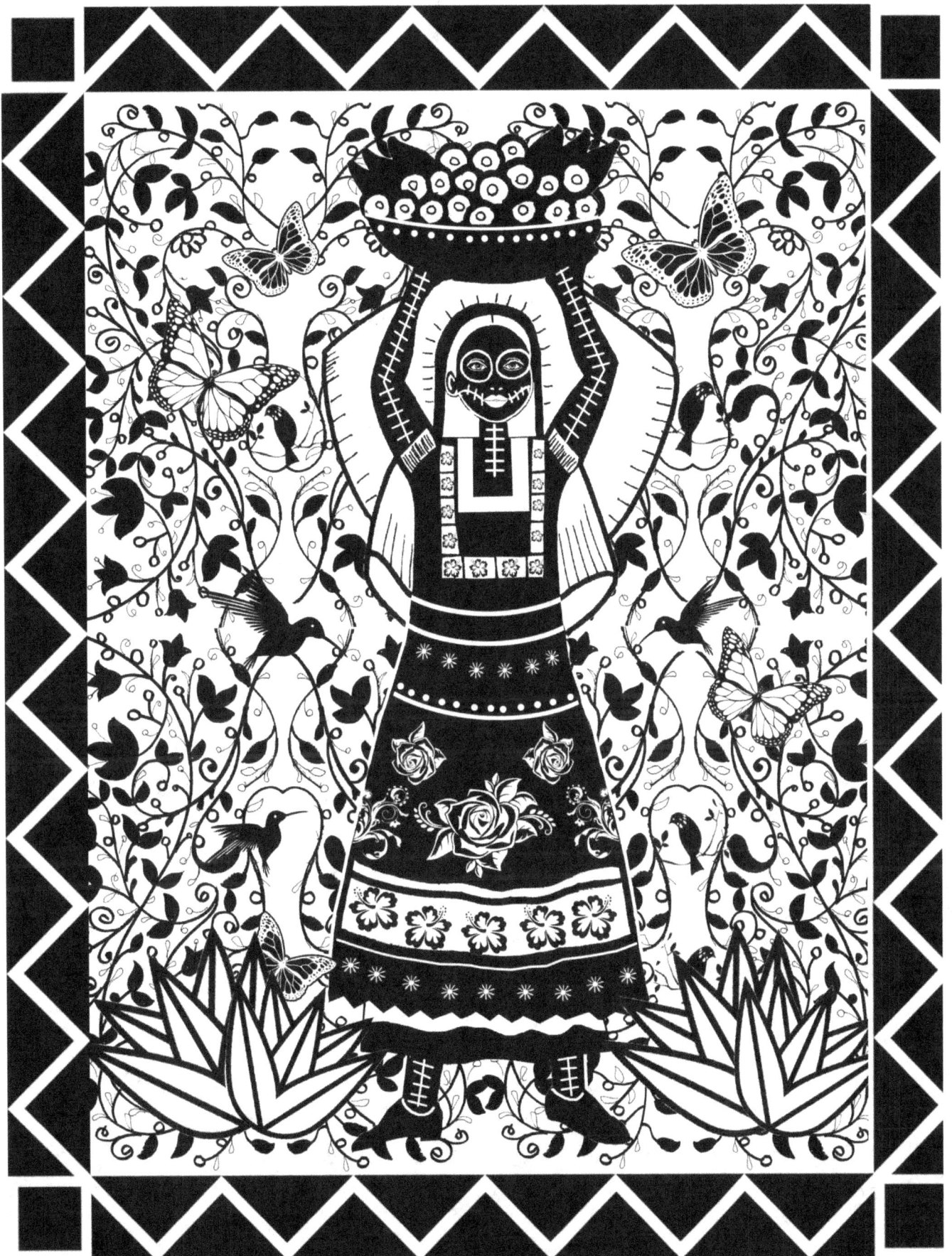

CELEBRACIÓN PREHISPÁNICA

 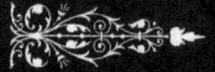

En esta fiesta se relizaban precesiones que concluian en rondas alredeor del árbol, se realizaban sacrificios y grades comidas. Después ponian una figura en el árbol y danzaban con plumas y cascabeles y al finalizar quitaban la figura del tronco y lo cortaban. En esta fiesta se acostumbraba poner altares con ofrendas para recordar a los muertos, lo que es antecedente del actual "altar de muertos", principalmete a los guerreros y a las mujeres que murieron el el parto.

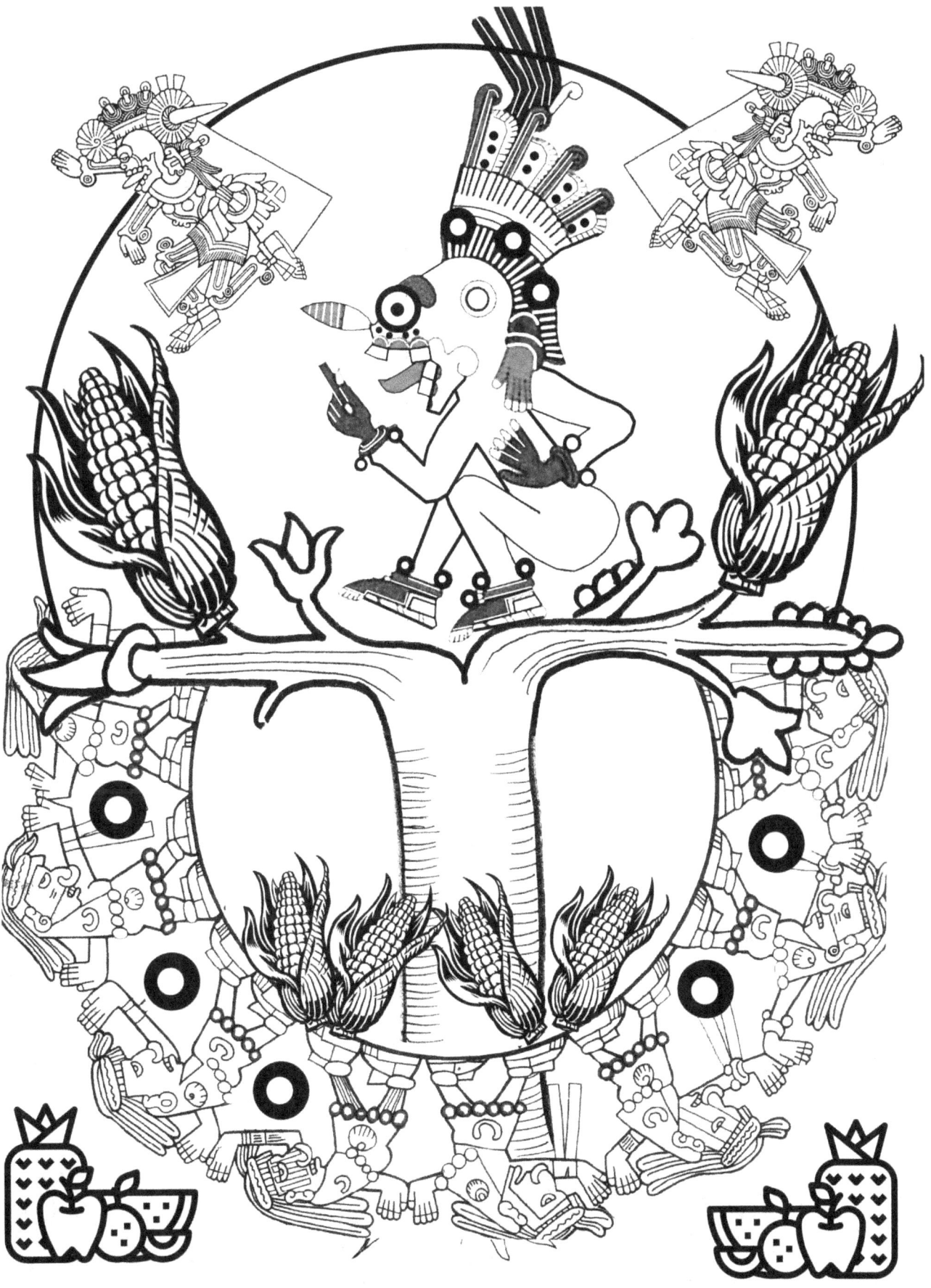

TRANSFORMACIÓN DEL RITUAL

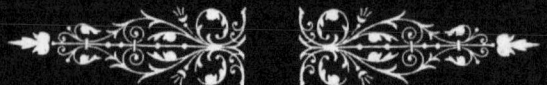

Cuando llegaron a América los españoles en el siglo XVI trajeron sus propias celebraciones tradicionales para conmemorar a los difuntos, donde se recordaba a los muertos en el Día de Todos los Santos.

Al evangelisar a los nativos del Nuevo Mundo se dio lugar a un sincretismo que mezcló las tradiciones europeas y prehispánicas, haciendo coincidir las festividades católicas del Día de todos los Santos y Todas las Almas con el festival similar mesoamericano, creando el actual Día de Muertos.

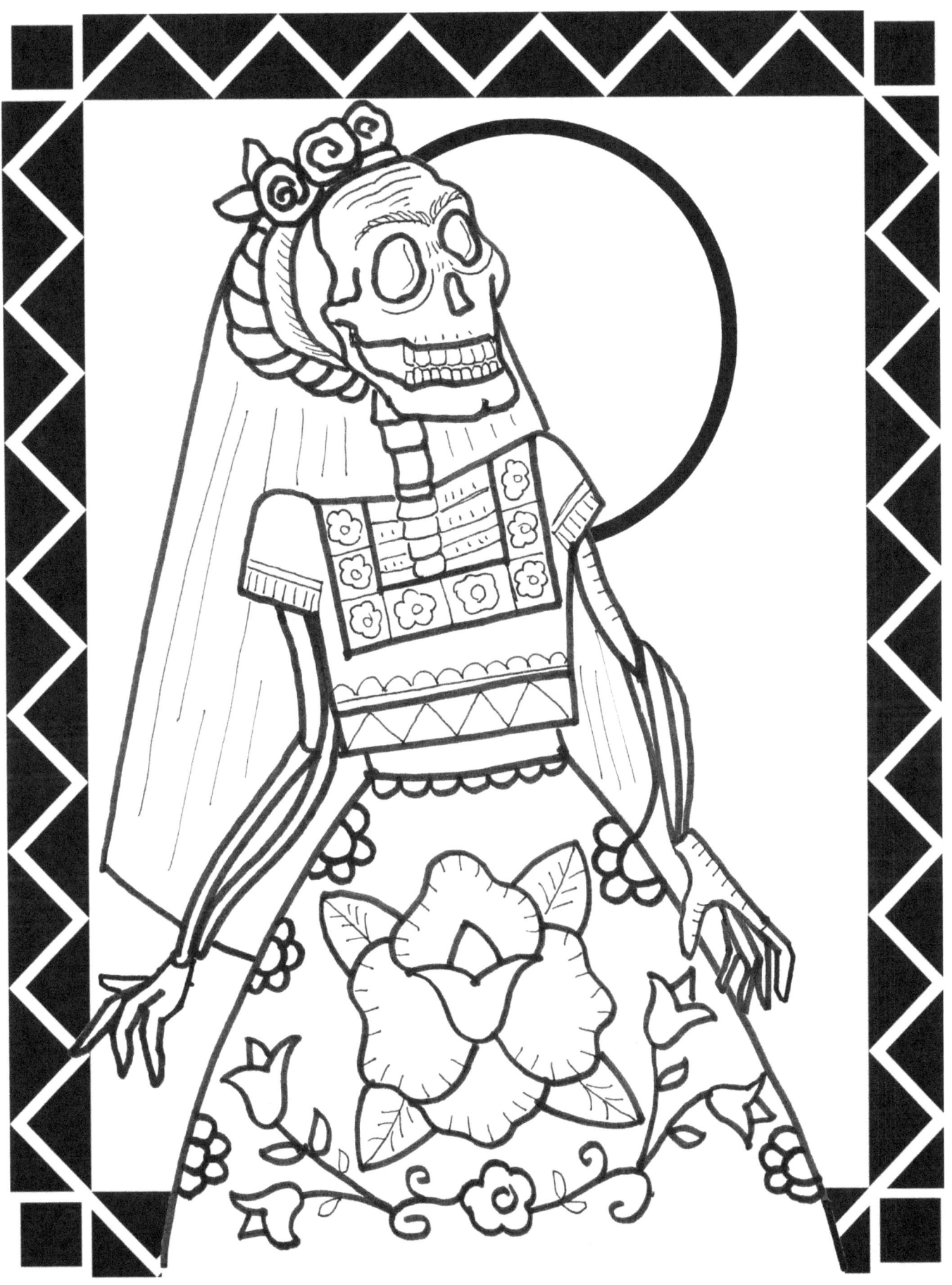

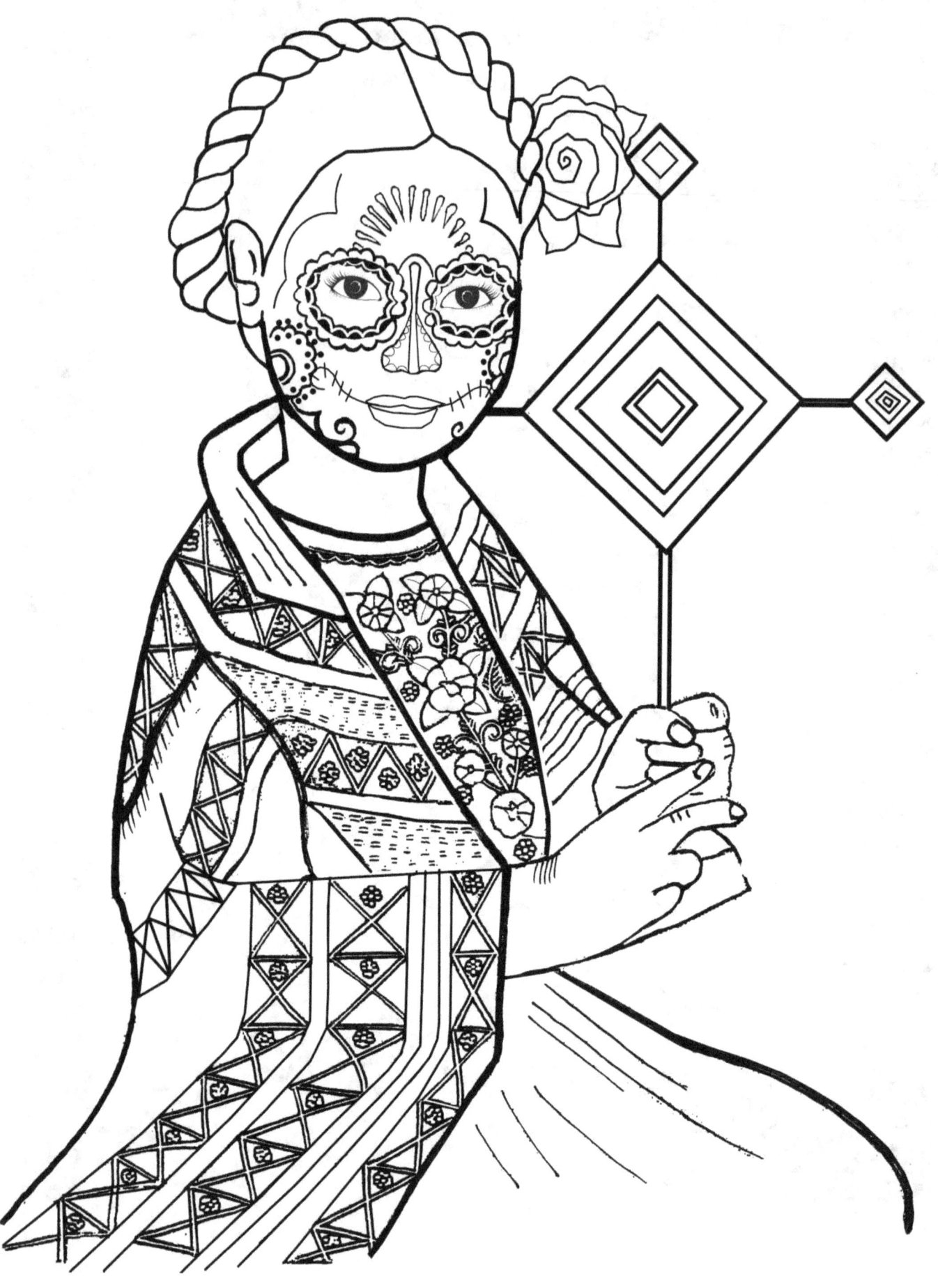

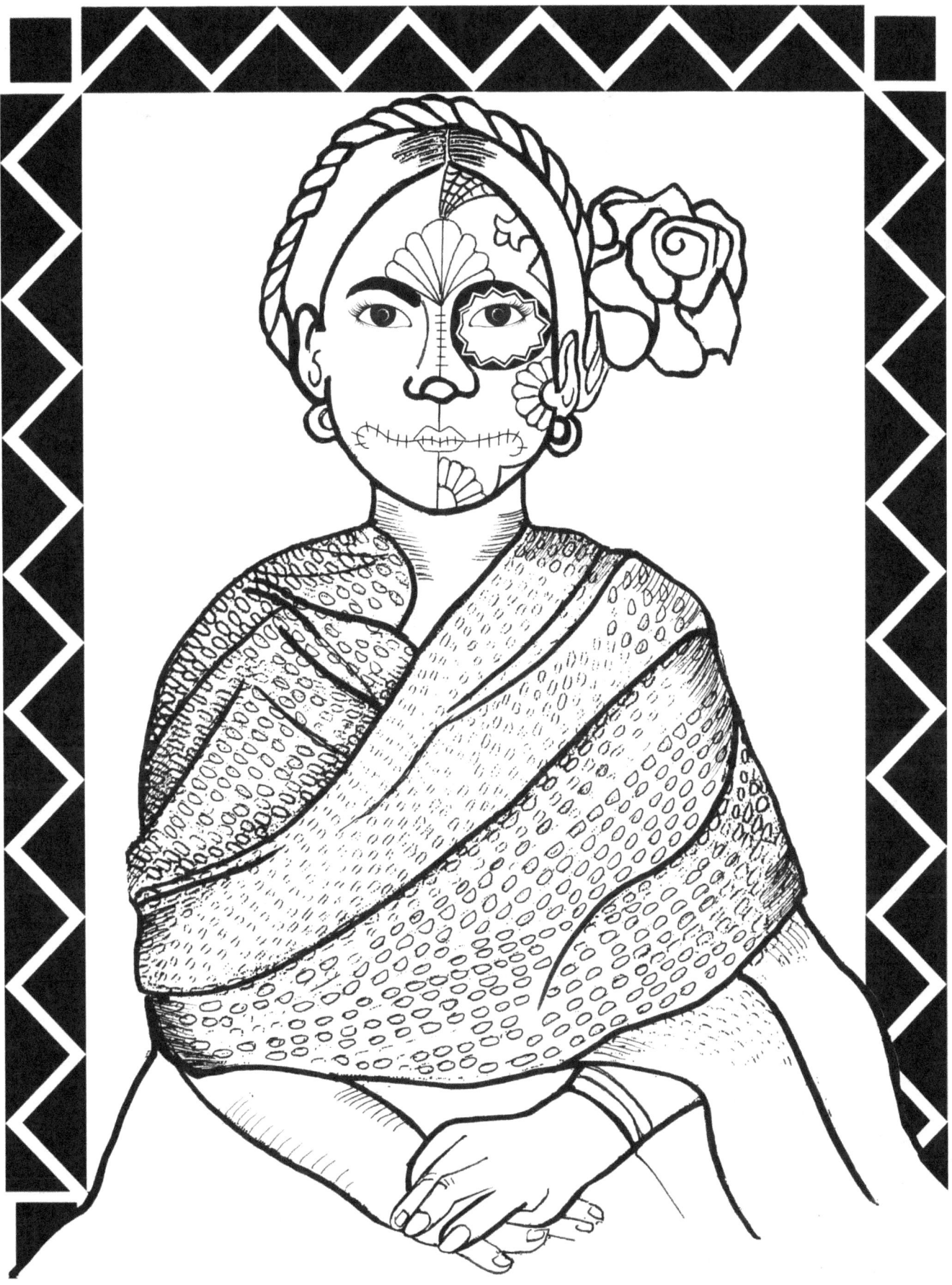

OFRENDAS PARA LOS ALTARES

Las calaveras de dulce tienen escrito en la frente el nombre del difunto o de alguien vivo.

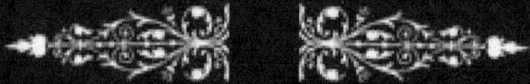

El pan de muerto es una representación de la eucaristía, y fue agregado por los evangelizadores españoles.

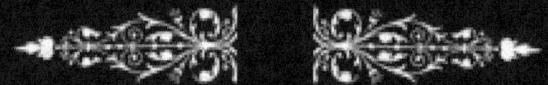

La flor de cempasúchitl que es símbolo del resplandor del sol, se consideraba el origen de todo. Sirve de guía a las almas para indicarles el rumbo por el cual llegar al que fuera su hogar.

Altares en las casas, donde se ponen las ofrendas, que pueden ser platillos de comida, el pan de muerto, vasos de agua, mezcal, tequila, pulque o atole, cigarros e incluso juguetes para las almas de los niños.Todo esto se coloca junto al retrato de los difuntos, rodeados de veladoras.

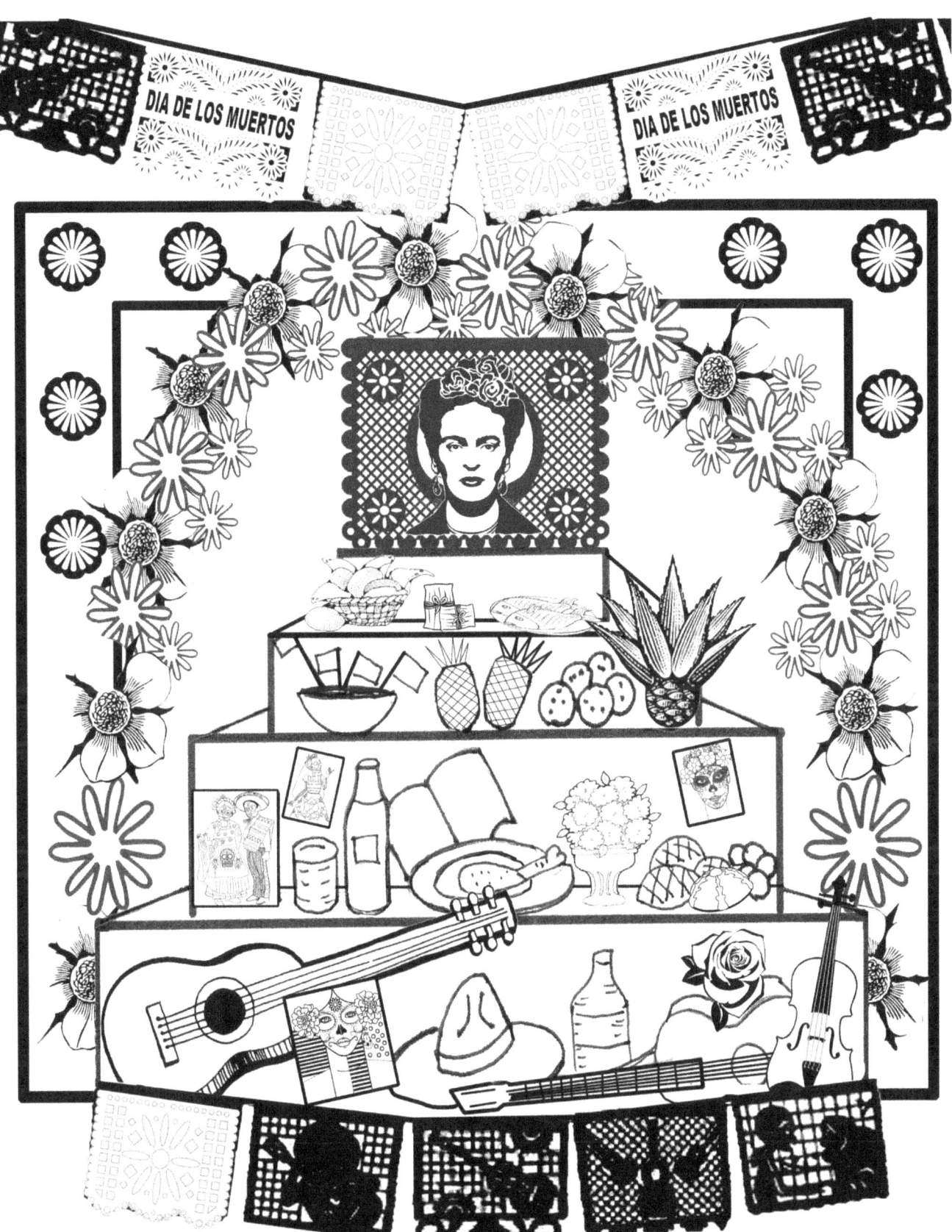

PAPEL PICADO

También se suelen adornar las ofrendas con papel picado, se elabora con papel de China recortado con figuras de esqueletos y calaveritas.

VARA DE TEJOCOTE

Con esa se abrirá paso el alma que regresa a visitar a sus parientes, por eso no se le deben de quitar las espinas.

ARCO DE CAÑA CON FLORES

En algunos lugares de México se acostumbra a realizar este arco, el cual simboliza el paso a una vida de purificación y el abandono del cuerpo terrenal

COPAL e INCIENSO

El copal es un elemento prehispánico que limpia y purifica las energías de un lugar, santificando el ambiente.

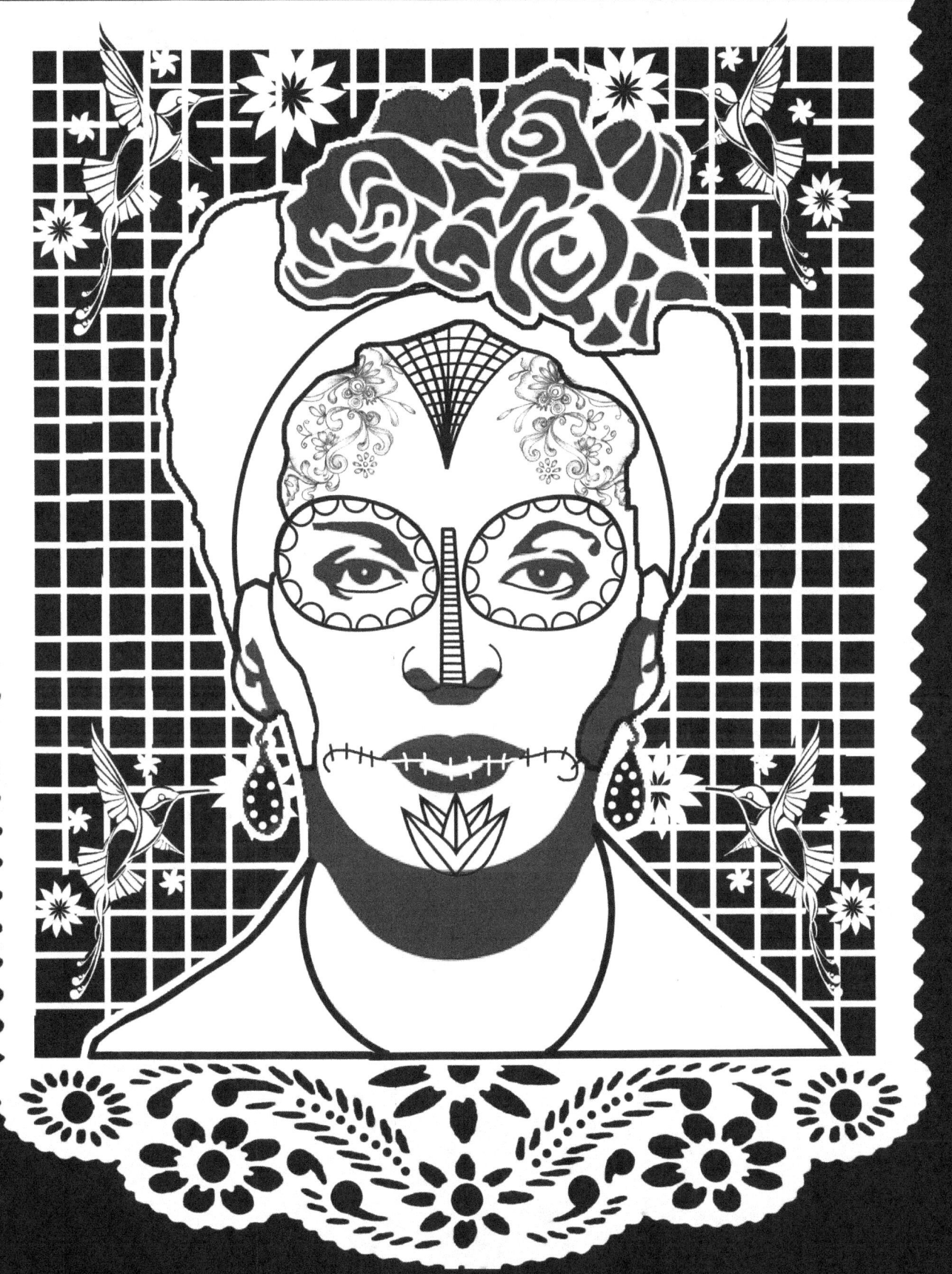

Retrato de la persona recordada; sugiere que el alma del difunto los visitará la noche del 2 de noviembre. Dicha imagen honra la parte más alta del altar.

Velas :   Los cuatro cirios en cruz representan los cuatro puntos cardinales, de manera que el ánima pueda orientarse hasta encontrar su camino y su casa.

Cruz: Utilizada en la mayoría de los altares, es un símbolo introducido por los evangelizadores españoles, con el fin de incorporar el catecismo a una tradición tan arraigada entre los indígenas, como la veneración de los muertos

Calabaza : Ocupa un lugar privilegiado tanto en la cocina tradicional prehispánica, al lado del maíz, el frijol y el chile.

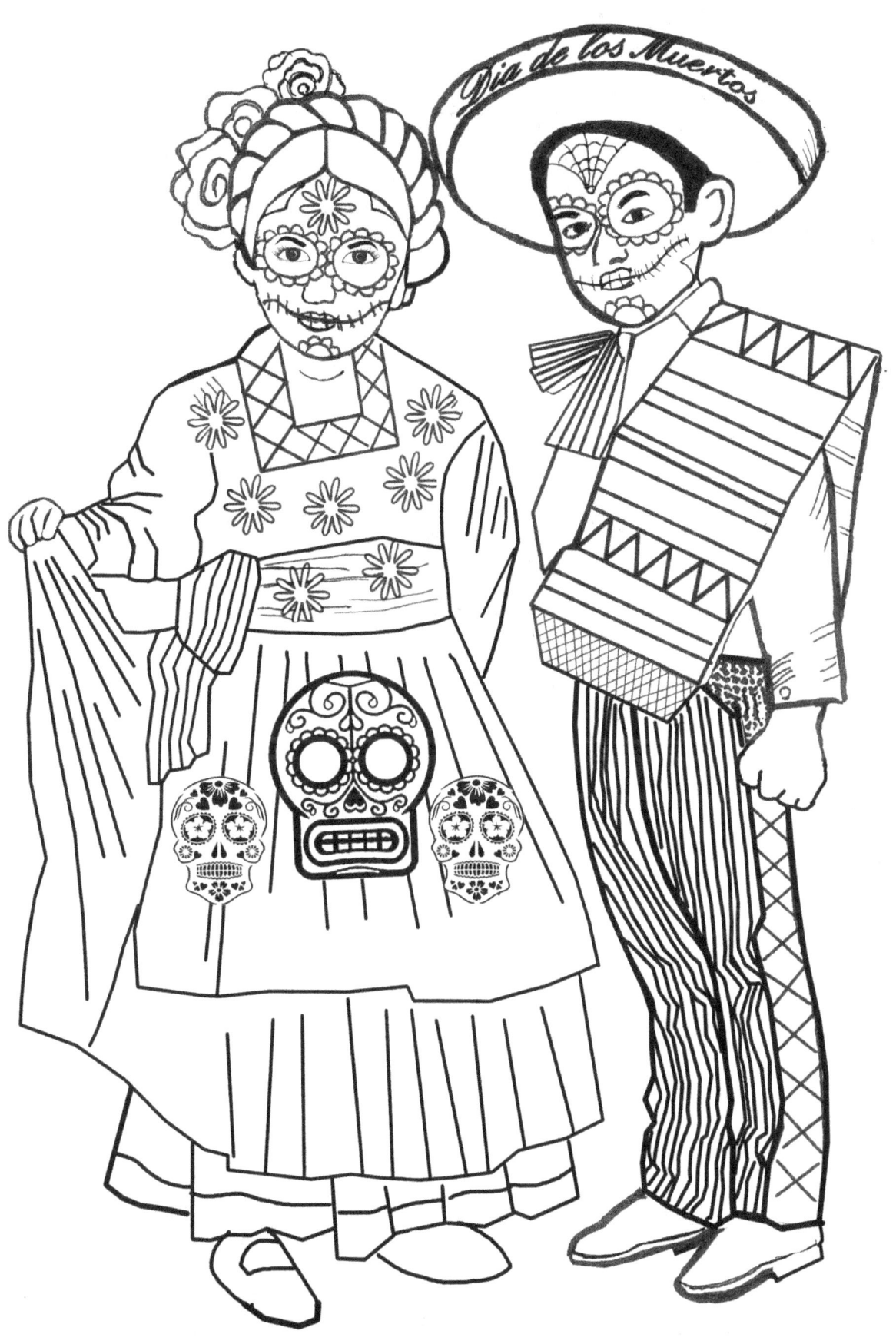

Agua: refleja la pureza del alma, se representa con un vaso lleno de agua, que sirve para que el espíritu mitigue su sed después del viaje, desde el mundo de los muertos.

Comida: Se colocan alimentos tradicionales o el que era del agrado de los fallecidos para que el alma lo disfrute.

Bebidas : Son las que fueron del gusto del difunto, denominados "trago", generalmente son "caballitos" de tequila, pulque, cerveza y mezcal.

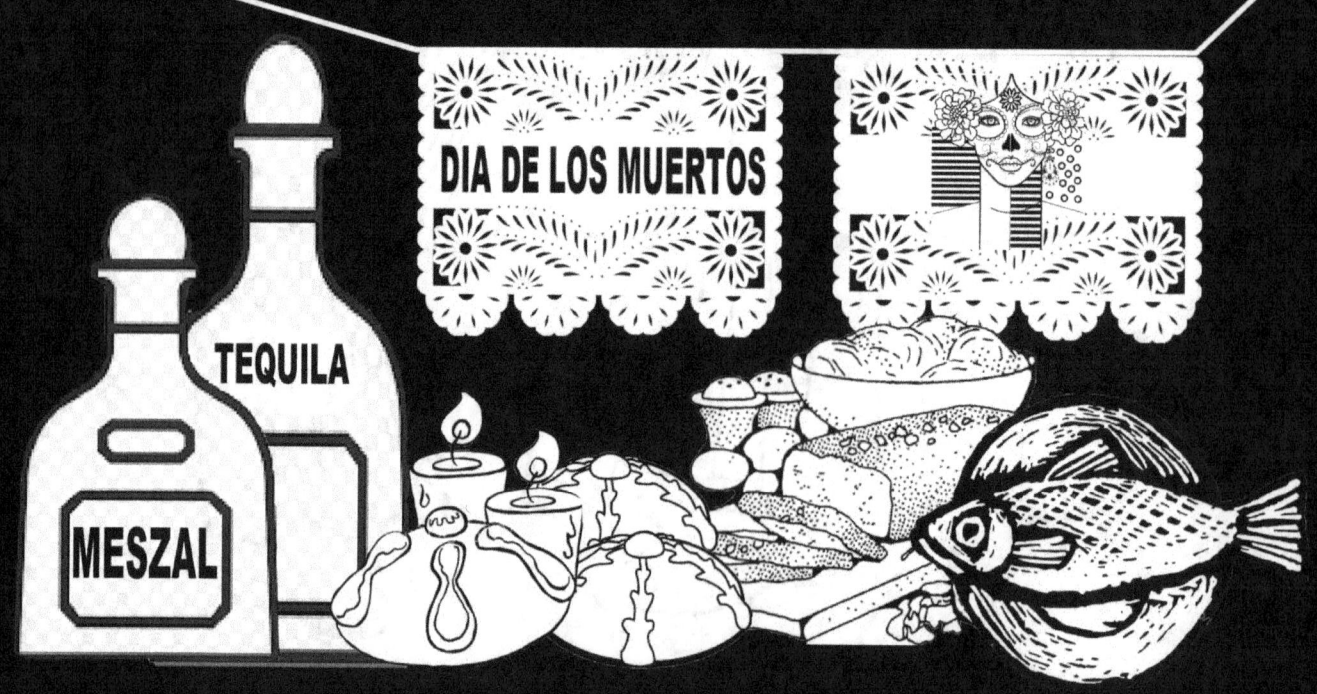

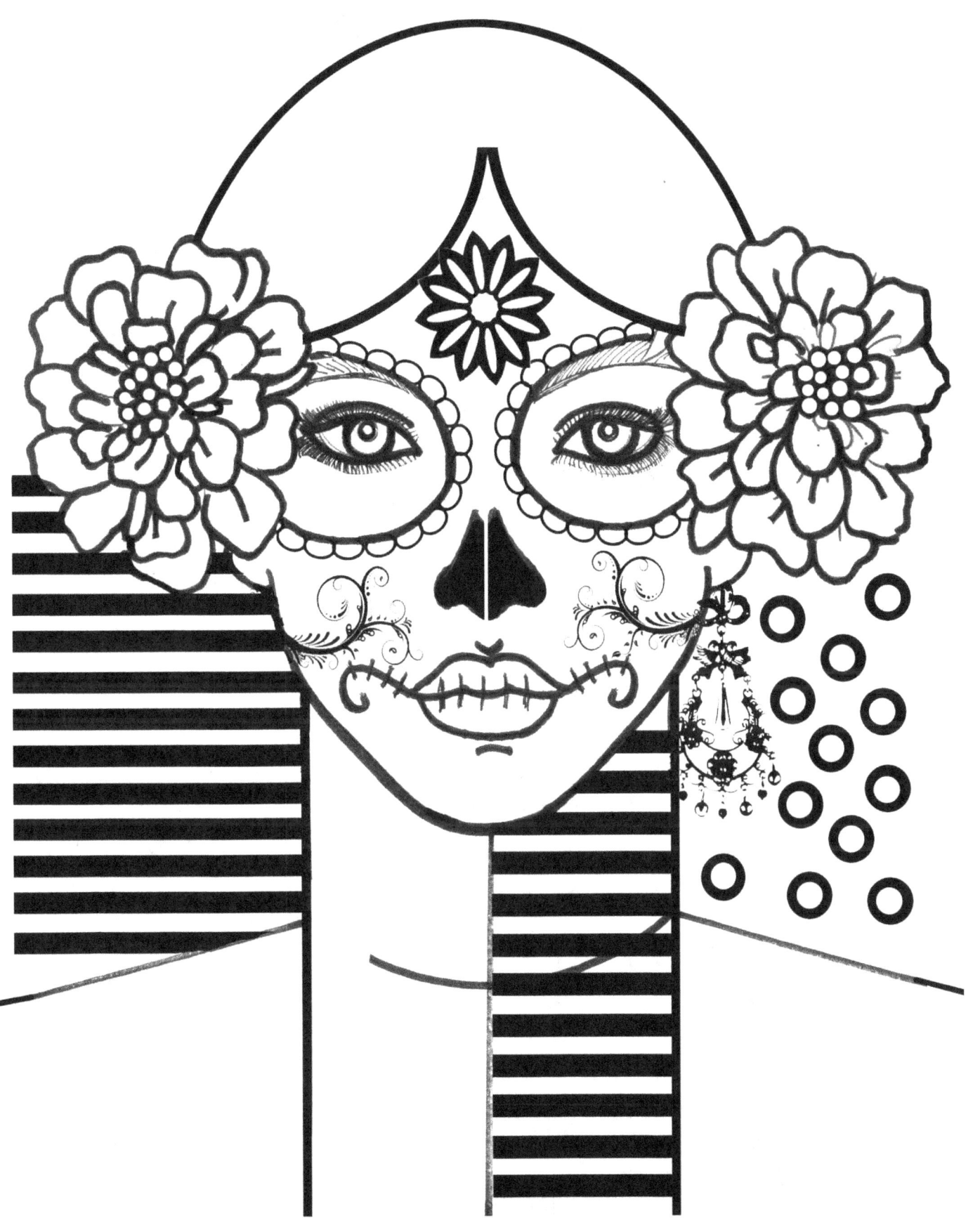

TRADICIONES

RIMAS

"Calaveras literarias" , son epitafios humorísticos de personas aún vivas que constan de versos donde la muerte bromea con personajes de la vida real.

GRAVADOS

Litografías, generalmente de José Guadalupe Posada, que aunque no dibujó específicamente para Día de Muertos, sino eran caricaturas con que colaboraba en diferentes publicaciones de principios del siglo XX.

CALAVERITAS DE AZÚCAR

Son dulces en forma de cráneo, generalmente realizadas de dulce de azúcar, chocolate, amaranto, gomita, entre otros.

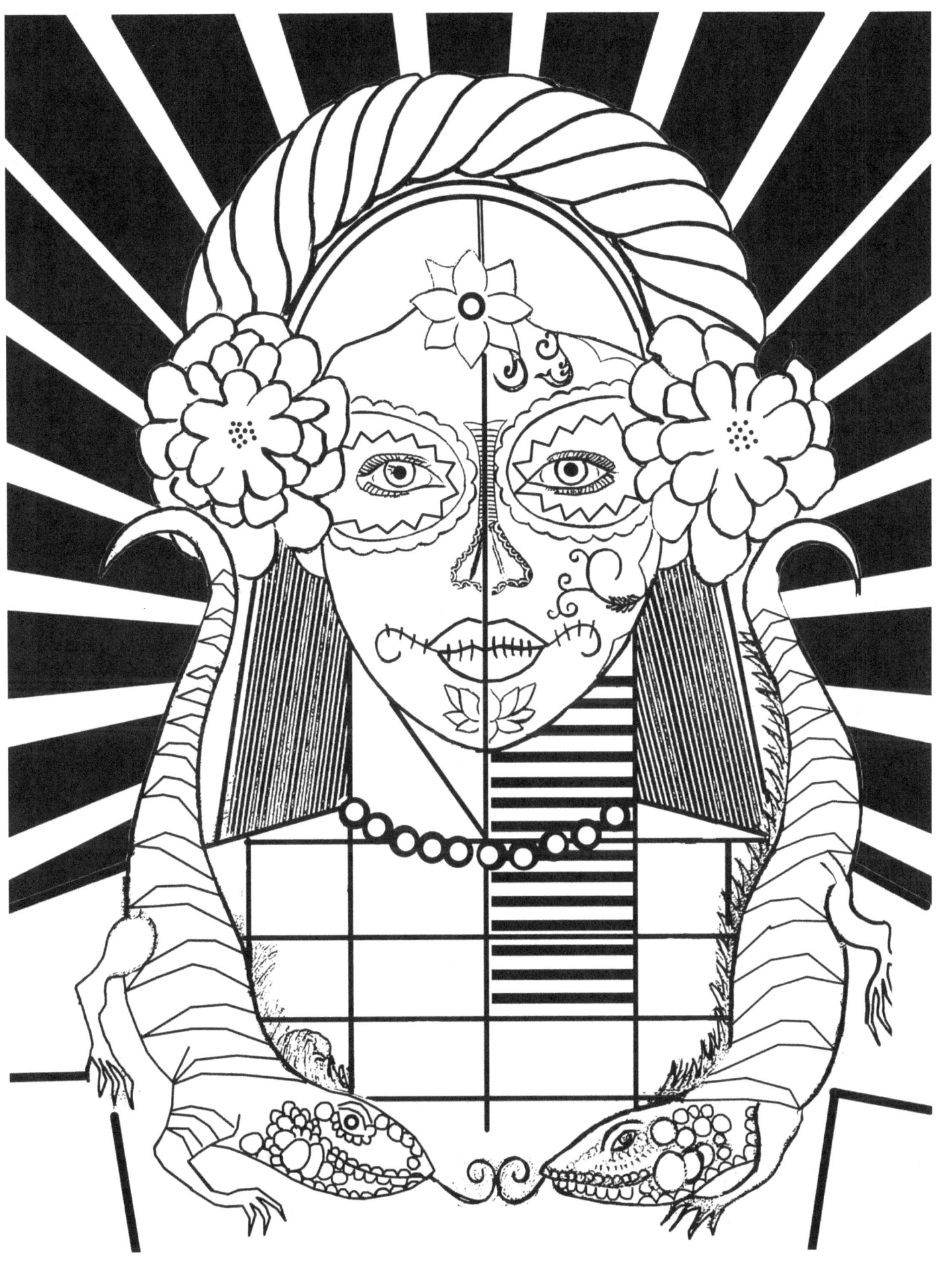

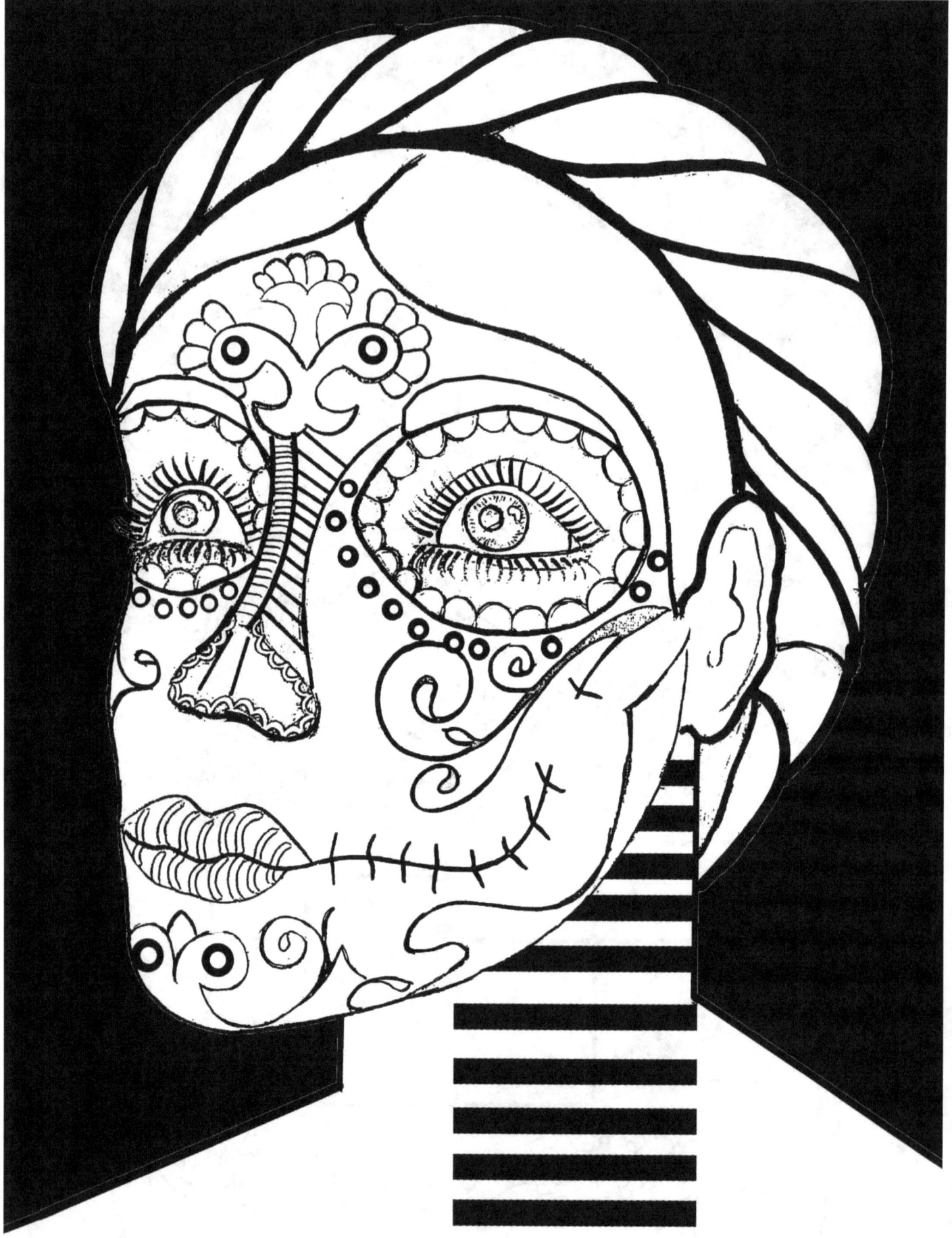

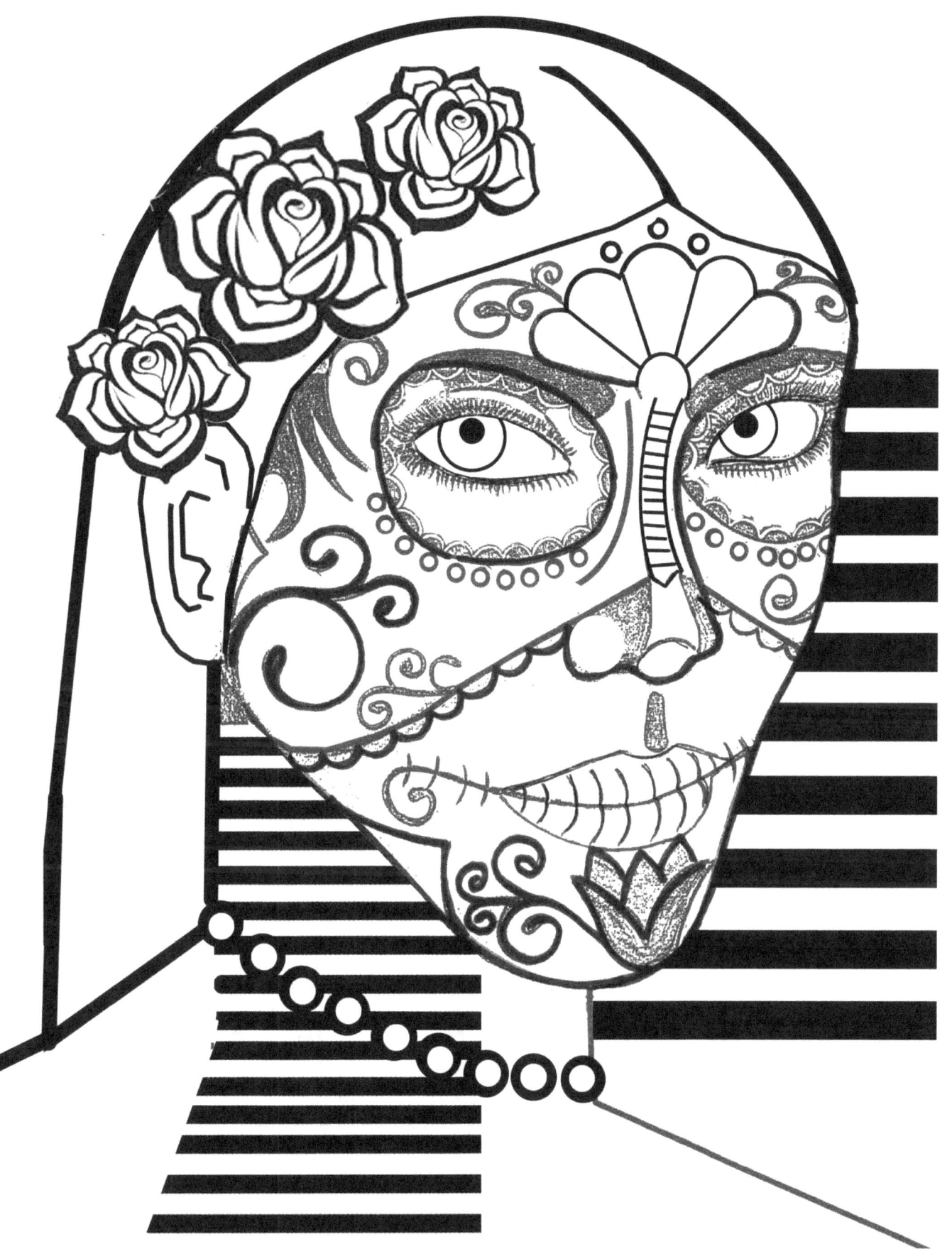

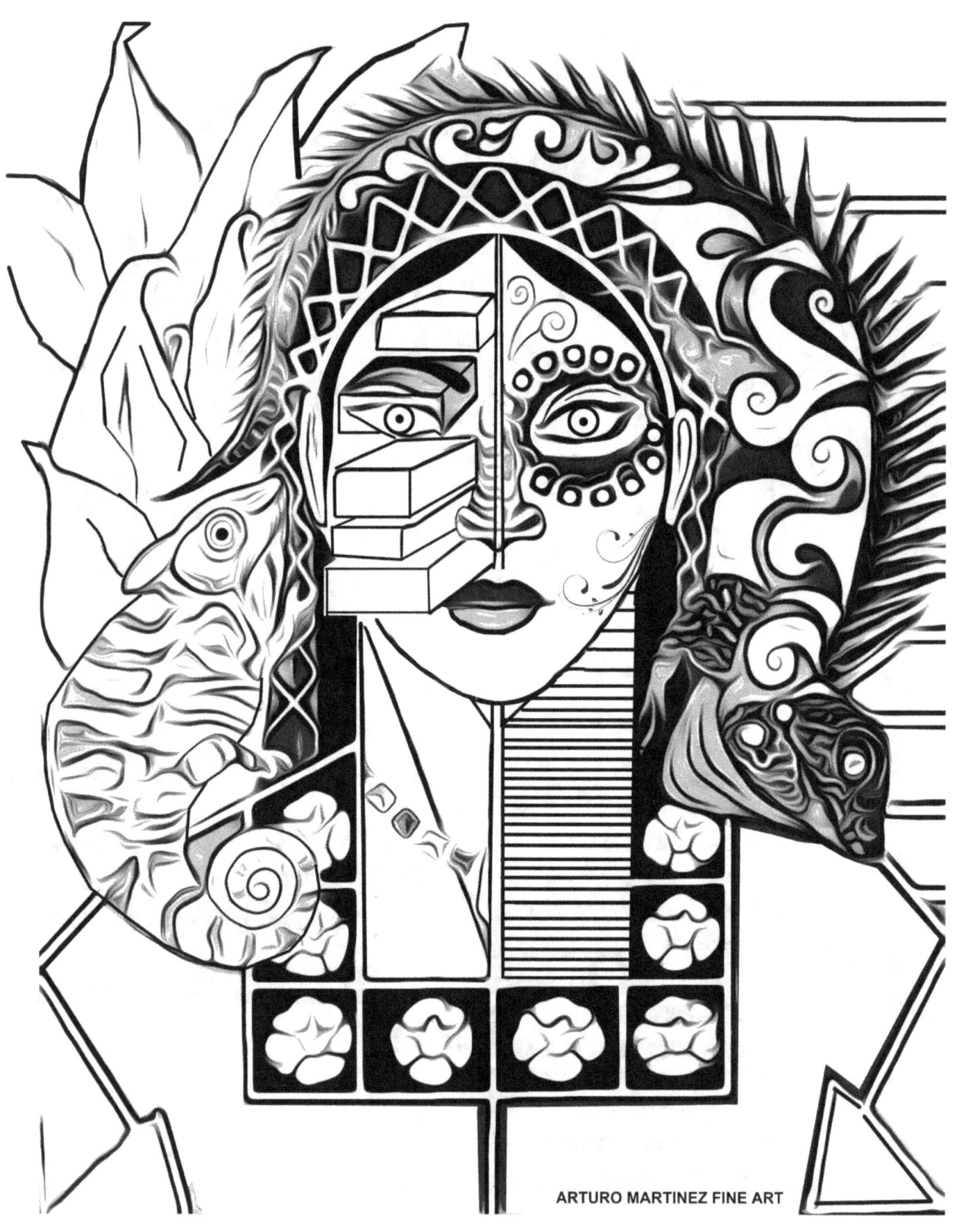

ARTURO MARTINEZ FINE ART

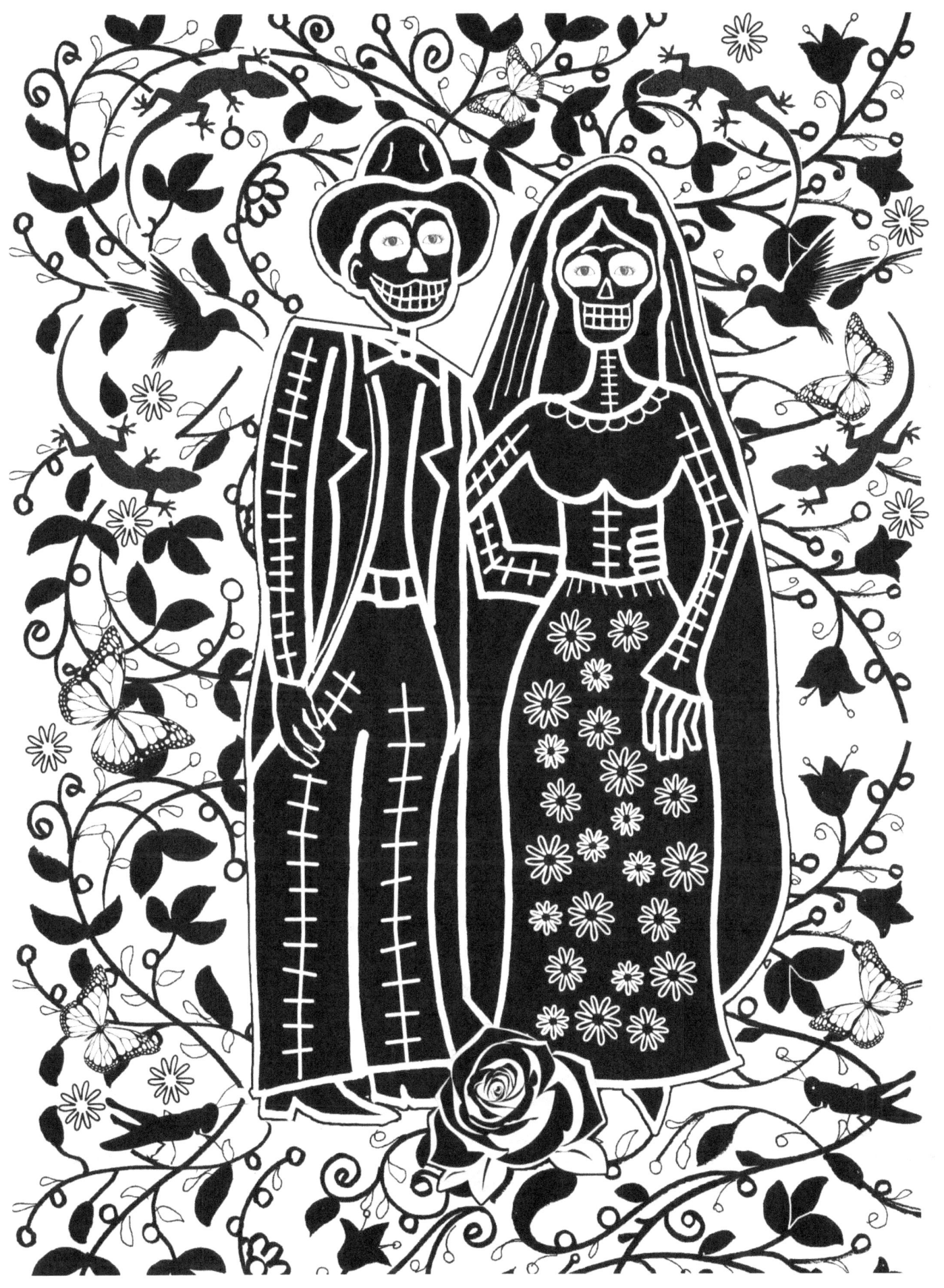

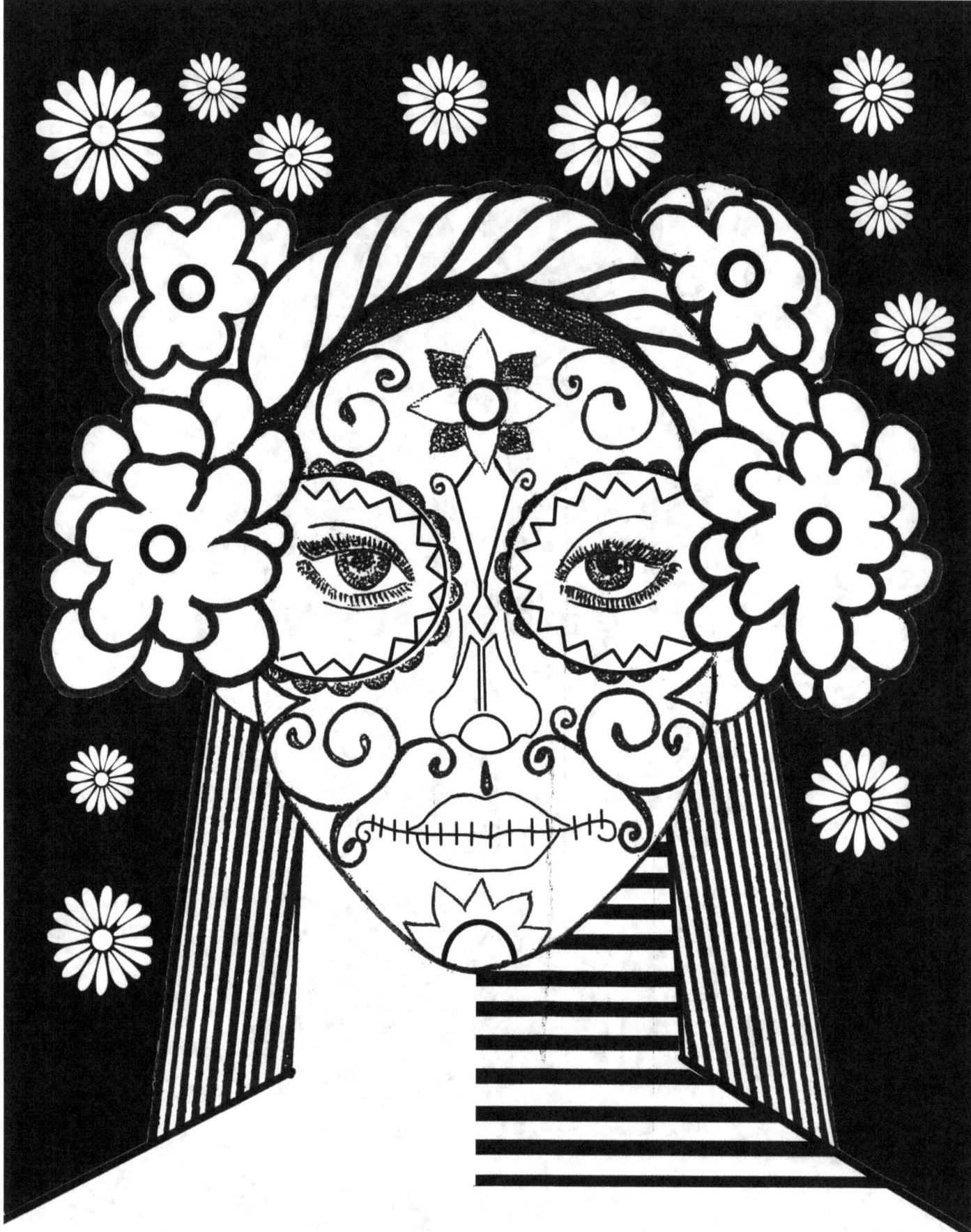